MW01711554

Les Trois Mousquetaires

P'TIT TOME

Albin Michel

Le monde de Corinne

Corinne

Cette jeune fille n'a qu'un rêve : devenir mousquetaire comme son papa !

Miette

L'adorable petit chat de Corinne joue les « mouschataires » !

Alexandre

Le courage, ce cheval n'en manque pas. Et il en faut pour suivre Corinne !

Viveca, Aramina et Renée

Les amies de Corinne vont la guider dans sa nouvelle vie au château.

Hélène

Derrière cette grand-mère se cache une ancienne mousquetaire.

Le prince Louis

Dans quelque temps, le prince Louis deviendra roi. Et il est aimé de tous… enfin presque !

Monsieur de Tréville

Voici le chef des mousquetaires. Pas facile de le convaincre qu'une fille sait manier l'épée...

Philippe

Attention ! Ce cousin du roi, le régent, prépare un bien mauvais coup.

Bertrand

Et voici son terrible homme de main !

1. Une arrivée mouvementée

Dès que Barbie reçoit le DVD du film dans lequel elle vient de jouer, elle invite tous ses amis à venir le voir. Tout est prêt, y compris petits gâteaux et jus de fruits !

Cette fois, l'actrice Barbie incarne Corinne, une jeune fille intrépide qui brave tous les dangers pour réaliser son incroyable rêve...

Barbie insère le DVD, le film commence...

Au premier chant du coq, Corinne est déjà debout pour aider sa maman à tenir la ferme. Et quel travail pour nourrir les bêtes et ramasser le foin ! Mais Corinne est organisée, elle arrive toujours à garder du temps pour s'entraîner à l'épée. La jeune fille n'a en effet qu'un rêve : **devenir mousquetaire** comme le fut son papa, le célèbre **d'Artagnan.** Aussi s'est-elle amusée à fabriquer un épouvantail en guise d'adversaire, ce qui fait bien rire **Miette**, son petit chat et **Alexandre**, son fidèle cheval.

– Les mousquetaires ont de lourdes responsabilités, ma chérie, lui rappelle sa maman. Et c'est un métier très dangereux.

– **C'est le rêve de ma vie !** répond Corinne d'une voix assurée. Je viens d'avoir dix-sept ans et tu m'avais promis que je pourrais partir à cet âge-là à Paris pour essayer de le devenir.

La maman de Corinne n'insiste pas, sa fille est têtue et… **courageuse !** Le lendemain, Corinne est prête aux premières lueurs du jour. Sa maman s'avance alors vers elle, une lettre à la main.

Puis, elle lui fait promettre de la remettre à **Monsieur de Tréville**, le capitaine des mousquetaires. Cet homme était un ami de son père, il veillera sur elle. La mère de Corinne embrasse tendrement son **« apprentie mousquetaire ».**

– Tu seras fière de moi, maman ! lance Corinne à califourchon sur Alexandre.

–Je le suis déjà, murmure sa mère, très émue. Corinne ajuste les rênes, quand elle entend un miaulement plaintif : c'est Miette, et le petit chat a bien l'intention d'accompagner sa maîtresse.

Le voyage est long, mais bientôt, les premières maisons apparaissent à l'horizon… Et bien vite, Alexandre frappe les pavés de la ville. Elle le confie à un jeune palefrenier, puis file avec Miette vers le château. C'est là, paraît-il, que Monsieur de Tréville veille sur **le futur roi Louis.** Que de monde dans les rues ! Corinne se fraie un chemin, quand elle aperçoit trois hommes qui se battent à l'épée. Elle n'en revient pas : **des mousquetaires !**

Et lorsque l'un d'eux a réussi à désarmer ses joyeux adversaires, il demande d'une voix forte :

– Y a-t-il quelqu'un d'assez courageux pour me défier ?

– **Moi, messire !** s'exclame aussitôt la jeune fermière en se dégageant de la foule. **Je veux devenir mousquetaire !**

Puis, pour montrer son agilité, elle exécute une série de pirouettes sous les yeux ébahis des badauds, mais voilà qu'un horrible chien fait rouler vers elle des tonneaux pour la faire tomber. Corinne perd alors l'équilibre et s'étale aux pieds d'un mousquetaire qui lui conseille vivement de rentrer chez elle.

Mais c'est mal connaître Corinne ! Elle insiste et demande où elle peut rencontrer Monsieur de Tréville.

– **Ha ha !** ricane le mousquetaire. Son cabinet est là-bas. Vas-y, je crois qu'il cherche une femme de ménage !

La jeune intrépide ne relève pas cette blague idiote et file vers le château. Si Miette la suit, il n'est hélas pas le seul : **Brutus**, l'affreux chien des tonneaux, ne la lâche pas d'une patte. Ce bouledogue a pour maître **Philippe**, le régent, qui est censé veiller sur le bon prince Louis…

2. Corinne est domestique !

Corinne n'a aucun mal à trouver le château en demandant son chemin, car tout le monde le connaît ! En attendant, elle se rend au cabinet de **Monsieur de Tréville**, et ça tombe bien, car celui-ci est justement en train de raccompagner **Philippe** à la grille du bâtiment. La jeune fille comprend que c'est bien lui le régent, car son chien patibulaire se pose aussitôt à ses pieds. Le régent parti, Corinne tente de passer la grille, mais impossible, car des gardes empêchent toute allée et venue. Elle ne voit qu'une solution : **crier !**

L'efficacité est redoutable : Monsieur de Tréville, d'abord surpris, s'avance vers elle et écoute la jeune effrontée.

– Vous connaissiez mon père, d'Artagnan et comme lui, je veux devenir mousquetaire !

– Protéger la famille royale est un grand privilège, Mademoiselle, et on ne l'acquiert pas à la légère. Je crois que vous êtes loin d'être prête, mais si vous avez besoin de quoi que ce soit, venez me voir.

Si Corinne repart déçue, Brutus, lui, est ravi et n'a qu'une hâte : **chasser l'intruse et sa boule de poils de chat !**

Aussi court-il après elles, **tous crocs dehors.** Si la pauvre chatte réussit à se faufiler entre les gens, Corinne a plus de mal et bouscule au passage trois jeunes filles : l'une dans une flaque de boue, l'autre dans un massif de roses et la dernière dans une fontaine. Après bien des péripéties, la jeune fermière parvient enfin à semer le bouledogue, et monte quatre à quatre les marches du château. Elle s'apprête à frapper à une lourde porte, quand **une femme, très en colère,** en surgit, qui renvoie une domestique sans ménagement.

Puis, dans un froncement de sourcils, la mégère dévisage Corinne et la pousse rudement à l'intérieur du château…

– Je dirige toutes les servantes. Que viens-tu faire ici ?

– Oh, euh… je veux devenir mousquetaire.

– Ha ha ! ricane la gouvernante, **il n'y a pas de femme mousquetaire !** Les rêves, c'est en dormant qu'on les fait, en revanche, j'ai du travail pour toi si ça t'intéresse !

Corinne n'a pas le temps de répondre, l'imposante femme lui a déjà tendu un tablier et une paire de souliers !

Le travail risque d'être rude, sous les ordres d'un tel dragon… Pour preuve, elle vient de malmener **Hélène**, une vieille femme de ménage qui a osé oublier un grain de poussière. La gouvernante conduit immédiatement sa nouvelle recrue auprès des autres domestiques, qui s'activent déjà à préparer le prochain bal masqué du prince Louis. En s'approchant d'elles, Corinne n'en croit pas ses yeux : **Vivéca**, **Aramina** et **Renée** sont précisément les trois jeunes filles qu'elle a bousculées en tentant de fuir l'odieux Brutus !

La jeune fermière ne sait pas comment s'excuser, d'autant que le trio ne veut rien entendre et lui ordonne de nettoyer le carrelage du grand hall à coups de brosse à dents. **Pauvre Corinne !** Elle frotte et lessive sans relâche jusqu'à la nuit tombée… Et c'est quand, épuisée, elle s'apprête à chercher refuge pour la nuit que les trois jeunes filles s'avancent, calmées et attendries :

– **Viens habiter avec nous !**

La jeune domestique ne se fait pas prier. Elle suit ses nouvelles amies jusqu'à leur chambre, puis s'endort aussitôt dans un grand lit. Blotti contre elle, Miette n'a même pas le temps d'avoir son câlin du soir…

3. Un entraînement haut de gamme

Le lendemain, Corinne se sent en pleine forme pour balayer avec ses trois amies. **Que de travail dans un si grand château !** Tout à coup, elle entend une voix enjouée qui résonne dans le grand hall. C'est celle du prince Louis. Trop occupé à suivre des yeux sa montgolfière, le souverain ne regarde pas devant lui et percute Corinne. Le futur roi s'excuse tant et tant qu'il en oublie son bel ouvrage qui finit par se dégonfler en touchant l'imposant lustre…

Remis de ses émotions, le prince s'inquiète de savoir auprès de son cousin Philippe si tout est en ordre pour le prochain bal masqué. L'homme répond par un sourire, quand soudain, un bruit de tous les diables retentit dans l'immense pièce : **le lustre s'est mystérieusement décroché et s'écrase à quelques centimètres de Louis !** Affolé, le régent accourt vers son cousin, tandis que Corinne, Vivéca, Aramina et Renée parviennent à stopper les débris de verre qui volent au-dessus de leur tête, exécutant des figures dignes des plus habiles gardes royaux. Un peu plus et les morceaux de verre atteignaient le futur roi…

Dans un coin du hall, Hélène sourit discrètement, très fière de ces quatre jeunes filles qui semblent faire preuve d'incroyables réflexes. En ramassant les morceaux de verre, Corinne est intriguée : elle trouve une **pierre précieuse** et l'une des cordes qui maintenaient le lustre semble avoir été **coupée net,** comme si la lame d'un couteau était passée par là… Dès qu'elle rejoint ses amies, la jeune servante est pressée de questions.

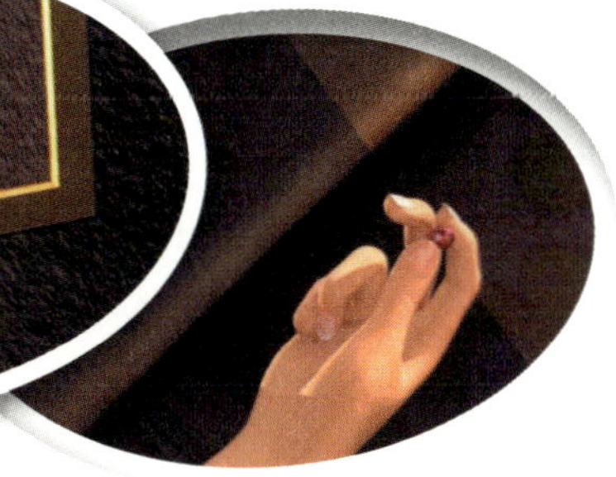

– Où as-tu appris à te battre ? demande le trio.

– Je vous le dis, si vous tenez votre langue… Voilà, je me suis entraînée pour devenir mousquetaire !

– Ça alors ! répond Vivéca. **Moi aussi !**

– **Moi aussi !** ajoute Renée.

– **Et moi aussi !** conclut Aramina.

Les quatre servantes sautent de joie à l'idée d'avoir le même rêve, quand Hélène leur demande de sa voix fluette de la suivre dans une vaste et magnifique **salle secrète !**

– Mesdemoiselles, lance alors la vieille femme. Vous voici dans l'ancienne salle d'entraînement des mousquetaires, celle qu'ils utilisaient avant de s'installer chez Monsieur de Tréville. Alors, ainsi, vous pensez pouvoir devenir mousquetaires ? **Eh bien, prouvez-le !**

Pour bien se faire comprendre, Hélène saisit alors les épées qui appartenaient aux célèbres mousquetaires, puis les lance à ses quatre élèves. Les jeunes filles sont estomaquées en découvrant une nouvelle Hélène : ainsi, cette vieille femme qui semblait voûtée et fragile, se redresse, **droite comme un « i »,** puis saisit une épée d'un geste vif, fin prête à donner une leçon à Corinne !

La jeune fille s'applique, combat comme jamais, mais son professeur n'a rien à voir avec son épouvantail : en trois coups bien ajustés, la vieille Hélène fait **voler son épée dans les airs !** Si Vivéca, Aramina et Renée pensaient mieux faire, c'est raté ; elles se retrouvent, à leur tour, aussi vite désarmées. Les apprenties mousquetaires croient toujours en leur rêve, mais elles étaient loin de penser que l'entraînement serait aussi **éprouvant !**

4. Une balade dans les nuages

Tandis que Corinne et ses amies montent se coucher, Philippe dispute Bertrand, son homme de confiance :

– L'accident du lustre devait nous débarrasser du prince Louis une fois pour toutes. Vous avez échoué. Je veux devenir roi **à la place** de mon cousin. Profitez-en demain pendant qu'il travaille à sa machine volante.

Le lendemain, Bertrand suit discrètement le prince dans le parc du château. Puis, dès que celui-ci monte dans sa montgolfière, l'homme saisit son épée, et d'un coup tranchant, sectionne l'une des cordes.

Le futur roi s'apprête à manœuvrer son engin, quand tout à coup, celui-ci se met à vaciller… **Bertrand a réussi son coup :** la corde a cédé, entraînant violemment le ballon dans les airs. Hélas, le choc est si brutal que le souverain se prend les pieds dans l'échelle de corde. Le pauvre jeune homme ne peut alors ni bouger ni diriger le ballon fou qui menace de **s'écraser sur la flèche d'un toit…** Le prince a une chance folle, car Corinne entend d'une fenêtre ses cris désespérés et voit la montgolfière passer devant elle, à vive allure.

Elle court au plus près du ballon, saisit une corde qui dépasse et s'élance dans la nacelle. Puis, d'un geste vif et précis, tire sur les suspentes pour dévier la machine volante. La manœuvre est excellente, le ballon évite de justesse la flèche ! Seulement, le répit est de courte durée, car, toujours emporté par le vent, celui-ci se dirige à présent tout droit vers des arbres…

– **Augmentez la chaleur !** s'écrie le prince, toujours coincé dans l'échelle de corde. **Viiite !**

Corinne écoute attentivement ses conseils et parvient à faire monter le ballon à quelques centimètres des branches d'arbres !

L'exploit accompli, elle remonte l'échelle pour libérer le prince.

– **Qui dois-je remercier ?** demande-t-il, soulagé.

– Euh… Corinne, votre Majesté…

– Vous venez de me sauver la vie, Corinne, alors, si vous m'appeliez Louis ?

Corinne est émerveillée : la voici à côté d'un futur roi et **en plein ciel !**

Les deux jeunes gens se connaissent à peine, mais au fil de leur balade au-dessus des nuages, une douce complicité semble se dessiner entre eux. Posté en haut d'une tour, et muni de sa longue-vue, **Philippe enrage :** le plan de son homme de confiance a encore échoué. **Il s'occupera donc lui-même du sort de son cousin !** De retour au château, Corinne rejoint ses amies dans la salle secrète pour sa deuxième leçon d'escrime.

Avant de saisir son épée, elle raconte son extraordinaire voyage dans les airs et affirme, détails à l'appui, que la vie du prince est en grand danger.

– Il faut avertir Monsieur de Tréville ou le régent ! s'affolent ses amies.

– **Non !** répond Hélène d'une voix ferme. Tant que nous n'avons pas la preuve de ce complot contre le prince, nous ne ferons confiance à personne. Ouvrez bien vos yeux et vos oreilles, mais pour l'heure, **à vos épées !**

À ces mots, la vieille femme bascule une manette et aussitôt, **des mannequins de métal surgissent d'une trappe,** armés de deux épées, prêts à combattre les apprenties mousquetaires.

5. D'étranges caisses en bois

Pour la première fois, Hélène semble très fière de ses élèves : Corinne et ses amies manient avec un tel brio leurs épées que les robots de fer se retrouvent bientôt **désarmés**. Aussi, pour fêter leur performance, les quatre jeunes filles décident-elles de se promener, le soir, dans les rues avoisinant le château. Tout à coup, elles entendent les roues d'un carrosse, puis aperçoivent des hommes porter **d'étranges caisses en bois.**

Les apprenties mousquetaires n'en reviennent pas : là, à quelques pas d'elles, Bertrand s'apprête à ranger son épée dans un fourreau de bois peint. Que va-t-il en faire ? Et pourquoi ses complices transportent-ils ces caisses en pleine nuit ? Soudain, Corinne remarque une petite pierre rouge sur le sabre de l'homme de main de Philippe.

– **C'est ce sabre qui a tranché les attaches du lustre,** chuchote-t-elle à ses amies. Il porte la même pierre précieuse que j'ai ramassée près d'une corde.

Ses amies allaient la questionner, quand elles entendent Bertrand dire à ses hommes :

– Ces sabres de bois sont de parfaits accessoires pour interpréter la danse du sabre, lors du bal masqué. Ainsi, le prince Louis ne saura même pas ce qui l'a frappé, **car seul le sabre de Philippe sera vrai !**

Cachées derrière une fontaine, les quatre amies sont figées d'effroi. Ainsi, Bertrand et ses acolytes s'apprêtent à introduire des armes en secret, pour le bal masqué…

Corinne ne tient plus en place : elle veut avertir le prince, **et au plus vite !** De retour au château, la petite troupe frappe à la lourde porte des cuisines. Hélas, la gouvernante ne croit pas un mot de cette histoire de complot contre le prince Louis et ordonne aux **« écervelées »** de la laisser dormir. Seulement, les jeunes intrépides sont têtues et forcent le passage. Puis, pénètrent rapidement dans le château pour rencontrer le prince. Seulement, elles oublient un détail : Hélène leur avait bien précisé de ne **rien dire à personne...**

Affolée et encore tout essoufflée, Corinne croise Philippe en grande conversation avec Monsieur de Tréville. Elle leur explique que des hommes complotent contre le prince. Si Monsieur de Tréville demande des preuves, le régent, lui, esquisse un mauvais sourire…
– Faites ouvrir ces caisses et vous constaterez par vous-même qu'elles contiennent **des armes !** lance Corinne d'une voix ferme.
Intrigué par tant d'assurance, Monsieur de Tréville fait signe à ses mousquetaires de faire ouvrir les caisses que l'on fait apporter.

Une fois les fameuses caisses aux pieds des deux hommes, Philippe saisit un sabre et, d'un geste vif, **le brise en deux !** Le régent éclate de rire et ridiculise les jeunes effrontées. Mais Corinne est obstinée et supplie Monsieur de Tréville de la croire.

– Faites ouvrir les autres caisses, insiste-t-elle. **Tous les sabres ne sont pas en bois !** Vous m'aviez dit de venir vous voir si j'avais besoin de quoi que ce soit.

L'ancien ami de son père l'écoute, même s'il trouve que cette jeune fille se mêle un peu trop de tout. Aussi lui ordonne-t-il de ne s'approcher **ni** du prince, **ni** du château, **ni** du bal masqué, sous peine d'être **arrêtée.** L'avenir des apprenties mousquetaires semble, cette fois, bien compromis…

6. Que la fête commence !

Corinne et ses amies regagnent leur chambre, tristes et désemparées. Si ses amies songent à abandonner leur carrière de mousquetaire, l'ancienne fermière, elle, **ne veut pas en rester là !**

– Nous sommes les seules à connaître l'existence de ce complot, nous avons donc un devoir à accomplir. Et nous nous sommes **entraînées dur** pour être prêtes à tout ! En plus, nous connaissons le château mieux que personne, car nous l'avons nettoyé de fond en comble.

– Mais les gardes ne nous autoriseront jamais à entrer ! soupire Renée.

Soudain, Vivéca, qui a des talents de couturière, a une idée : **elles vont se déguiser et le tour sera joué !** Aussitôt dit, aussitôt fait, les quatre apprenties mousquetaires se préparent pour le bal masqué, sans oublier bien sûr leur masque et quelques armes secrètement dissimulées dans les plis de leurs robes. Cependant, elles ne sont pas les seules à s'agiter : l'ignoble Philippe a en effet donné rendez-vous à ses hommes dans les sombres couloirs du château pour prendre **son vrai sabre,** caché dans une caisse, parmi ceux en bois.

Parées de leurs **robes scintillantes,** les futures mousquetaires n'auront aucun mal à être invitées au bal ! Pas question non plus pour Miette de manquer la fête, aussi Vivéca lui a-t-elle confectionné un petit masque et une jolie cape de soie. C'est enfin l'heure du bal, et les filles ont tout prévu pour rester discrètes : elles se présentent sous de faux noms. Personne ne les reconnaît, **pas même Monsieur de Tréville !**

– **La baronne de Barbichette !** s'écrie l'annonceur en laissant entrer Corinne dans l'immense salle de bal.

Sous les notes d'une douce musique, les invités s'avancent dans le grand hall et saluent respectueusement le prince Louis.

– **Gardez bien les yeux ouverts !** chuchote Hélène à ses élèves en passant un plateau de petits fours.

Corinne sait qu'il faut rester vigilante ! Et elle a bien l'intention de découvrir rapidement qui détient **le vrai sabre...** Une fois les invités tous réunis, le prince Louis fait alors signe aux musiciens de jouer son air préféré. Puis, il parcourt la salle d'un pas lent pour choisir sa partenaire. Les jeunes filles du royaume sont très émues, car à chaque bal, elles rêvent de danser à son bras et d'être l'heureuse élue !

Hélas pour elles, ce ne sera pas encore le cas cette fois-ci…

Le prince s'avance vers Corinne !

La jeune domestique n'oublie pas pourquoi elle est là, mais les yeux tendres du prince lui feraient presque tourner la tête… Cependant, son émotion est de courte durée, car Renée s'avance vers elle, et lui fait un clin d'œil discret, signal de rassemblement. Corinne lâche alors la main du prince, prétextant qu'elle meurt de soif, puis rejoint ses amies.

Renée ne s'est pas trompée : **Philippe se rapproche de plus en plus du prince !** Comme leur répétait Hélène, les quatre amies vont devoir ouvrir l'œil ; tâche d'autant plus difficile que le feu d'artifice commence et que la foule d'invités est massée pour l'admirer…

7. Un terrible combat

Jamais le ciel n'avait été aussi joliment éclairé dans la cour du château ! Du grand hall, et la tête levée vers le firmament, le prince Louis contemple le bouquet final. Corinne se tient à ses côtés, quand tout à coup, elle perçoit **un bruit de lame :** c'est Philippe, toujours masqué, qui vient de dégainer son épée pour la planter dans le dos de son cousin ! En un éclair, Corinne exécute une pirouette et fait **voltiger** l'arme du régent.

Hélas, l'odieux personnage crie haut et fort que c'est lui qui vient d'être attaqué, et ordonne **qu'on arrête sur-le-champ cette dangereuse intruse !** Tandis que les apprenties mousquetaires affrontent les hommes du régent à l'épée, le prince Louis est conduit dans une pièce sombre où l'attend Philippe. Les deux hommes discutent et le régent affirme d'une voix doucereuse qu'il fait tout pour assurer la sécurité de son cousin.

– **Venez !** conseille-t-il à Louis. J'ai fait aménager un passage secret pour votre protection !

Ne se doutant de rien, le prince suit Philippe, mais il comprend bien vite qu'il est **tombé dans un piège.** Il profite d'une seconde d'inattention de son adversaire et parvient à lui échapper ! De leur côté, les futures mousquetaires n'ont pas trop de deux épées chacune, ou autres armes de combat, pour affronter les hommes du régent : **et ils sont nombreux !**

Soudain, au détour d'un couloir, Corinne aperçoit le masque du prince par terre, juste devant un passage secret. Les quatre amies y pénètrent discrètement. Quel labyrinthe ! La petite troupe s'avance au hasard, quand elle croise Monsieur de Tréville et ses hommes, bâillonnés contre un mur ! Dès que Bertrand, l'homme de main de Philippe, apprend que le complot a été découvert, il n'a qu'une hâte : **s'enfuir à dos de cheval !**

Seulement, Alexandre ne l'entend pas de cette oreille et lui donne une **magnifique ruade !**

Si Monsieur de Tréville est libéré et hors de danger, il n'en est pas de même pour le prince Louis : il est acculé sur un étroit chemin de ronde face à Philippe qui a réussi à le rattraper et qui le menace de son épée…

– Désolé, cousin ! susurre-t-il en pointant sa lame. Vous n'êtes qu'un inventeur, la tête dans les étoiles… **C'est donc moi qui serai roi à votre place !**

Philippe est un peu trop sûr de lui, car Corinne accourt, saisit un épais rideau de velours, puis, s'en servant de liane, s'élance vers l'odieux cousin ! **Le combat est rude** et **les épées voltigent** à tour de rôle dans les airs. Corinne redouble d'agilité et parvient enfin à vaincre Philippe. Il s'apprête à fuir à toutes jambes, quand **Monsieur de Tréville** fait irruption avec ses hommes.

Quelques minutes plus tard, **l'horrible cousin est jeté en prison.** Tenues au courant de l'exploit, Renée, Vivéca et Aramina s'empressent de rejoindre leur amie. Toutes se félicitent du beau travail, quand le prince les interroge :

– Puis-je voir les visages de mes protectrices ?

La petite troupe s'exécute : **Corinne est démasquée,** car le prince reconnaît aussitôt la belle et intrépide jeune fille avec qui il a voyagé dans les airs !

– Après ce que vous avez fait, votre place n'est plus au château… **mais parmi les mousquetaires !** annonce-t-il fièrement. Corinne et ses amies avaient raison de **poursuivre leur rêve contre l'avis de tous !** Une grande et belle fête est donnée en l'honneur des quatre demoiselles mousquetaires. Tout le royaume est invité, mais au premier plan, une femme discrète admire le bel uniforme des jeunes recrues : **c'est la maman de Corinne !**

Et à côté, se tient Hélène qui est désormais la nouvelle **gouvernante !** Quant à Miette, il est déjà installé sur le dos d'Alexandre, prêt à partir pour de **nouveaux combats...**

Fin

Directeur de collection : Lise Boëll
Direction artistique : Ipokamp
Adaptation : Valérie Videau
Éditorial : Céline Schmitt

Publication originale :

22, rue Huyghens, 75014 Paris
www.albin-michel.fr
ISBN 978-2-226-24478-9

Loi n°49-956 du 16 juillet 1949 sur les publications destinées à la jeunesse.

Achevé d'imprimer en France par Pollina - L65251A.
Dépôt légal : janvier 2013.